AF461436

MINISTÈRE DE LA GUERRE.

INSTRUCTION

Arrêtée par le Ministre Secrétaire-d'État au département de la guerre, pour l'exécution de l'Ordonnance du Roi, du 30 Août 1815, concernant le licenciement et la nouvelle organisation de la Cavalerie.

L'INTENTION du ROI étant qu'il soit procédé, sans aucun retard, à l'exécution de son Ordonnance du 30 Août dernier, sur le licenciement de l'ancienne cavalerie et l'organisation des nouveaux régimens, SA MAJESTÉ a jugé qu'il était nécessaire de faire rédiger, pour les Inspecteurs généraux et les Colonels qui en seront chargés, une instruction qui les mît à portée d'établir un travail régulier, et qui aplanît les difficultés qu'ils pourraient rencontrer dans le cours de leurs opérations; en conséquence, le Ministre Secrétaire-d'État de la guerre A ARRÊTÉ ce qui suit :

TITRE I.er

Opérations préparatoires.

ARTICLE PREMIER.

Chaque Inspecteur général sera accompagné, dans sa tournée, d'un Maréchal-de-camp pour l'aider dans ses opérations, et d'un Inspecteur ou Sous-inspecteur aux revues qui sera particulièrement chargé de constater l'état où se trouvent l'administration et la comptabilité; d'arrêter, sous l'approbation de l'Inspecteur général, les comptes des Conseils d'administration, Quartiers-maîtres-trésoriers, Officiers-payeurs et autres Officiers comptables des corps licenciés, et d'installer ceux des nouveaux régimens.

L'inspecteur général pourra, s'il le juge à propos, envoyer l'Inspecteur aux revues près des anciens corps, pour constater à l'avance, par un examen approfondi, l'état de l'administration, de la comptabilité et des magasins, tandis qu'il continuera le travail relatif au personnel près d'un autre.

2. Le Général commandant la division fera mettre à l'ordre l'arrivée de l'Inspecteur général, et prescrira qu'on lui rende les honneurs dus à son grade et aux fonctions dont il est chargé.

3. L'Inspecteur général est autorisé à se faire fournir, par qui il appartiendra, tous les renseignemens dont il aura besoin. Le Ministre de la guerre donnera ses ordres à cet égard aux Généraux commandant les divisions militaires, aux Préfets, aux Généraux commandant les départemens, aux Inspecteurs aux revues et aux Commissaires ordonnateurs des guerres.

4. L'inspecteur général, après s'être concerté avec les Généraux commandant les divisions militaires, les Préfets et les Généraux commandant les départemens compris dans l'arrondissement qui lui est affecté, leur fera connaître les époques et les lieux qu'il aura fixés pour

la revue et le licenciement des corps ou portions de corps de l'ancienne cavalerie, ainsi que des nouvelles troupes à cheval qui doivent cesser d'exister par suite des dispositions de l'article 31 de l'ordonnance du Roi, et pour l'organisation des nouveaux régimens.

Il se concertera également avec les Préfets et les Généraux des départemens pour la revue des militaires appartenant à la cavalerie, entrés chez eux avec ou sans autorisation, dont le sort n'a point été réglé définitivement par les Conseils d'examen établis par l'ordonnance du 3 Août, et dont les états doivent lui être remis par les Préfets.

Les Gouverneurs ou Commandans des divisions militaires, les Préfets, les Généraux commandant les départemens, les Commissaires ordonnateurs et ordinaires des guerres, prendront, chacun en ce qui le concerne, toutes les mesures nécessaires pour convoquer ces militaires aux jours, lieux et heures indiqués, et pour leur faire fournir, tant pour l'aller que pour le retour, le logement, l'indemnité de route, les moyens de transport, lorsqu'ils seront reconnus nécessaires, et la solde pendant le séjour. Les Officiers seuls n'auront pas droit à l'indemnité; toutefois ils recevront le logement, et, s'ils y ont droit, les moyens de transport.

Cet appel s'étendra à tous les Officiers de cavalerie rentrés dans les départemens indiqués par l'Inspecteur général, qui ne jouissent pas d'une solde de retraite, d'un traitement de réforme, ou qui ne sont pas démissionnaires. Il s'étendra également aux Officiers d'état-major appartenant à l'arme de la cavalerie, non employés dans les états-majors existans et dont le sort n'est pas encore fixé. Enfin, il comprendra les Officiers, Sous-officiers et soldats de cavalerie des corps ou compagnies formées au nom et pour le service du Roi depuis le 20 Mars dernier.

Afin d'éviter l'encombrement sur le point indiqué, l'Inspecteur général pourra les convoquer à des jours différens, par un ou plusieurs arrondissemens de sous-préfecture, ou par département, selon qu'il conviendra le mieux à l'ordre qu'il aura adopté pour ses opérations, et l'emplacement actuel du fonds et du matériel des anciens corps.

Les avis qui seront publiés contiendront toutes les instructions que l'Inspecteur général desirera y faire joindre, afin que chacun sache quelles demandes ou quelles prétentions il peut être admis à former.

Les Officiers, Sous-officiers et cavaliers, que des maladies ou des infirmités empêcheraient de se présenter, feront connaître leur position à l'Inspecteur général, en lui envoyant toutes les pièces et certificats nécessaires pour le mettre à portée de prononcer à leur égard.

5. L'Inspecteur général prescrira d'avance, à chaque corps, les dispositions qu'il jugera propres à faciliter et accélérer son travail, telles que la préparation de listes provisoires, et séparées pour chaque classe, des Officiers, Sous-officiers et cavaliers ayant droit, à quelque titre que ce soit, à la retraite, aux invalides, à la vétérance; des Officiers qui offrent leur démission; de ceux qui sont dans l'intention d'user

de la faculté de prendre leur retraite; des Sous-officiers et cavaliers qui réclament leur congé absolu pour cause de blessures ou d'infirmités, pour défaut de taille, comme ayant ou étant réputés avoir huit ans de service, ou comme étant indispensables à leur famille; des Officiers, Sous-officiers et cavaliers nés en pays étrangers ou qui ont cessé d'appartenir à la France; des Officiers, Sous-officiers et Brigadiers susceptibles d'être admis dans la gendarmerie royale; des chevaux susceptibles de réforme, etc. etc.: la visite des militaires par les Officiers de santé, dans les cas où elle doit avoir lieu, etc.

Il pourra charger son Adjoint de la vérification de tout ou partie de ce travail, des contre-visites, et de telles mesures préparatoires ou opérations de détail qu'il jugera à propos de lui confier.

6. L'Inspecteur général se fera remettre, à son arrivée, un contrôle général des Officiers, Sous-officiers et cavaliers présens ou absens, y compris ceux qui ont quitté le corps sans autorisation, ou dont on ignore le sort depuis le 18 Juin. Les Officiers y seront portés en commençant par les plus élevés en grade, et, dans chaque grade, par les plus anciens; après eux, les Sous-officiers, Brigadiers et cavaliers.

Ce contrôle indiquera exactement le lieu, la date de la naissance et la durée des services de chaque Officier, ainsi que des Sous-officiers et cavaliers qui réclament leur retraite ou leur congé par ancienneté. Pour les autres militaires, il indiquera, au moins sommairement, l'âge et le nombre d'années de service. C'est sur ce cahier que l'Inspecteur général opérera. Une large colonne en blanc sera destinée à l'inscription de sa décision sur chaque individu; en sorte que le relevé de cette colonne, qui servira à la formation ultérieure des divers états, présente tous les résultats de sa revue.

Le Quartier-maître trésorier, ou l'Officier qui en fera fonctions, tiendra prêt, à cet effet, un contrôle semblable, et le remettra à l'Inspecteur général, qui le lui rendra après avoir fait transcrire ses décisions d'après celui sur lequel il aura opéré, afin d'éviter les différences et les erreurs, qui causent toujours beaucoup de perte de temps et de travail inutile. Ce sera d'après ce double que le Conseil d'administration établira les états dans la forme indiquée pour chacun d'eux. L'original, qui restera entre les mains de l'Inspecteur général, lui servira à en vérifier l'exactitude, et à noter les changemens qu'il se trouverait dans le cas d'ordonner.

TITRE II.

Licenciement.

Officiers.

7. Après une première revue d'ensemble, l'Inspecteur général procédera au licenciement et à l'examen des individus.

Démissions, traitement de réforme.

8. L'article 4 de l'ordonnance autorise l'Inspecteur général à accepter purement et simplement la démission des Officiers qui voudront la donner.

L'Inspecteur général munira l'Officier démissionnaire d'un certificat conforme au modèle annexé à la présente Instruction sous le n.° 20, et en rendra compte au Ministre, en lui transmettant la démission.

Il fera connaître aux autres Officiers, que l'intention de SA MAJESTÉ est d'accorder un traitement de réforme spécial à tous ceux qui le demanderont : il leur donnera l'assurance formelle qu'ils seront entièrement dégagés de tout service militaire, et qu'ils ne pourront, sous aucun prétexte, être rappelés sous les drapeaux.

Le traitement de réforme sera de la moitié de la solde actuelle, mais sans aucune espèce d'indemnité, pour les Officiers supérieurs;

De mille francs pour les Capitaines;

Sept cent cinquante francs pour les Lieutenans;

Six cents francs pour les Sous-lieutenans.

Ce traitement, payable à domicile, comme les autres traitemens de réforme, courra seulement à compter du 1.er Janvier 1816; jusque-là, les Officiers continueront à jouir de la solde d'activité sans accessoires, ou du traitement de non-activité, suivant la position dans laquelle ils se trouvent. Il sera accordé pour cinq ans entiers à tous les Officiers qui ont plus de cinq ans de service, et pour le nombre d'années effectives de services à ceux qui en ont moins de cinq : ainsi, l'Officier qui a quatre ans et plus, mais moins de cinq ans révolus de service, jouira dudit traitement pendant quatre années; celui qui a trois ans et plus de service, mais moins de quatre ans révolus, en jouira pendant trois années; celui qui a deux ans et plus de service, mais moins de trois ans révolus, en jouira pendant deux années; et celui qui est dans sa seconde ou sa première année de service, n'en jouira que pendant un an.

Ces dispositions seront applicables aux Officiers étrangers qui seront dans le même cas et qui en feraient la demande.

Retraites, invalides, vétérance, gratifications.

9. L'Inspecteur général aura à fixer une attention particulière sur les dispositions de l'ordonnance du 1.er Août, relative aux retraites, ainsi que de l'instruction approuvée par le Roi, en date du 4 Septembre, qui déterminent positivement les cas dans lesquels la retraite doit ou peut être donnée ou demandée.

Mais, comme leur application, dans les cas où elle n'est que facultative, peut être subordonnée, du côté de l'Inspecteur général, à la nature des informations qu'il est nécessaire de se procurer sur chaque Officier, elle se trouvera fréquemment liée au résultat de l'examen des individus sous beaucoup d'autres rapports, et offrira un moyen naturel d'écarter des Officiers dont la conduite antérieure, les opinions prononcées, la manière d'être, ou le peu de capacité, conseilleraient cette mesure.

Conformément à l'article 5 de l'ordonnance du 30 Août, l'Inspecteur général pourra faire connaître au Ministre les Officiers qui demanderont les invalides ou la vétérance; mais, comme il n'y aura pas de place de long-temps, ces Officiers n'en seront pas moins placés dans telle autre classe et portés dans tel autre état qu'il y aura lieu, en leur réservant la faculté d'être admis par la suite aux invalides ou aux vétérans, lorsque les circonstances le permettront.

L'Inspecteur général désignera également les Officiers qui, ayant servi moins de dix ans, et étant jugés incapables de continuer à servir, à raison de leur âge, ou de blessures et infirmités insuffisantes pour donner lieu à la retraite, ont droit à la gratification d'une année d'appointemens accordée par l'article 5 de l'ordonnance du 1.er Août.

Tous ces Officiers se retireront de suite dans leur domicile, et y jouiront du traitement indiqué ci-après, article 14.

Informations, et choix des Officiers susceptibles d'être conservés.

10. Pour que l'Inspecteur général puisse asseoir son opinion à l'égard des Officiers rentrés ou restés dans leur domicile, qui se présenteront à son examen, il prendra sur chacun d'eux des informations, soit du Général commandant la division, soit du Préfet, soit des autorités locales, soit enfin de qui il jugera nécessaire.

Il en agira de même à l'égard des Officiers qui auront servi dans les corps ou compagnies levés dans les départemens en vertu des ordres du Roi.

Quoique les Officiers supérieurs soient directement choisis par le Roi, l'Inspecteur général n'en appellera pas moins auprès de lui tous ceux qui se trouveront dans son arrondissement, afin de fournir un travail complet sur tous les Officiers de cavalerie rentrés dans leur domicile.

Les Membres des Conseils d'administration des régimens dissous seront aussi l'objet de l'examen de l'Inspecteur général.

Il commencera par les Officiers présens au corps : à l'égard de ceux-ci, il consultera secrétement, dans le corps et dans les cantonnemens, les personnes qu'il croira propres à éclairer son opinion, et dont la loyauté puisse garantir les rapports.

Quant aux Officiers isolés, il consultera, autant qu'il le jugera nécessaire, les personnes connues dont ils invoqueraient le témoignage, ou dont il aurait lieu d'espérer d'utiles éclaircissemens.

Une mauvaise conduite, le manque d'instruction et de tenue, des mœurs grossières, une manière d'être et des habitudes vulgaires, des fautes graves ou des opinions qui n'offriraient aucune garantie de fidélité, autoriseront l'Inspecteur général, sans préjudice de toute autre considération, à noter un Officier comme n'étant plus susceptible d'être employé; mais il n'usera de ce pouvoir rigoureux que dans la conviction intime qu'il ne commet pas une injustice, qu'il ne punit pas outre mesure des fautes pardonnables, et qu'il n'y a pas été induit par des rapports dénués de modération et de véracité.

La délicatesse de cette tâche exige beaucoup de prudence et de circonspection; de fermeté, mais de ménagement; de rigueur, mais de justice et d'impartialité. Sa Majesté s'en remet au discernement de MM. les Inspecteurs généraux et des nouveaux Colonels, et à leur zèle pour son service. Ils ne perdront pas de vue que, la bonne composition des régimens dépendant presque entièrement du bon choix des Officiers et de leur dévouement au Roi, ils deviennent en quelque sorte responsables de ce choix, puisque leurs notes guideront dans les désignations qui seront faites. Elles porteront sur le degré d'instruction et de capacité, comme sur la moralité, les opinions, les services remarquables, la parenté, l'alliance et la fortune; en un mot, elles embrasseront tout ce qui peut concourir à donner l'idée la plus exacte de chaque Officier, sous tous les rapports moraux et personnels.

L'Inspecteur général se fera remettre, par les Commandans des corps licenciés, l'état des Officiers actuellement employés comme élèves-instructeurs à l'école de cavalerie de Saumur, afin que, de concert avec le Colonel du nouveau régiment, il puisse choisir ceux d'entre eux qu'ils en jugeront dignes d'après les notes qui leur seront remises et les informations qu'ils prendront sur leur compte, et que les individus qui composent cette classe d'Officiers, précieuse par l'instruction qu'elle est susceptible d'apporter dans les nouveaux corps de cavalerie, puissent ainsi concourir à la nouvelle organisation, sans se déplacer et sans interrompre le cours de leur instruction.

L'Inspecteur général se fera représenter les originaux des titres, états de service et actes de naissance des Officiers de tout grade. Il examinera la nature des commissions représentées par les Officiers de tout rang qui désirent concourir, en leur qualité d'Officiers des corps de volontaires royaux, à la formation des nouveaux corps, à l'effet de juger quels droits peuvent en résulter pour eux, et dans quel grade il est utile et juste de les placer, selon leur âge, leur aptitude, leurs services et leur expérience. Il renverra à la commission d'examen établie près du ministère de la guerre, les Officiers dont les droits lui paraîtraient irréguliers, incertains ou mal constatés.

Les Officiers de la vieille garde qui n'entreront pas dans la Garde royale ou dans la Gendarmerie, concourront, avec tous les droits dont ils jouissaient, à la formation des nouveaux régimens. Ceux dits de la jeune garde n'y seront admis que sur le même pied que les autres Officiers de l'armée.

L'Inspecteur général se rappellera les dispositions de l'ordonnance du Roi, du 1.er Août dernier, qui annulle les promotions illégales faites depuis le 1.er Mars; que, selon les expressions du troisième paragraphe de l'article 12 de l'ordonnance du 30 Août, « les Officiers ne peuvent « prétendre qu'au grade dont ils étaient légale- « ment pourvus au 20 Mars dernier, à moins « qu'ils ne justifient que le Roi leur a accordé « de l'avancement depuis cette époque. »

Enfin il réglera toutes les réclamations relatives au rang et à l'ancienneté, et soumettra à la décision du Ministre les questions qui lui paraîtraient l'exiger.

Gendarmerie.

11. Les Officiers que l'inspecteur général désignera comme susceptibles d'entrer dans la Gendarmerie royale, d'après les dispositions de l'article 6 de l'ordonnance du 30 Août, sur la cavalerie, et l'article 6 de celle du 10 Septembre,

concernant la gendarmerie, seront également l'objet d'un rapport très-détaillé. Ils doivent avoir de l'instruction, de l'expérience, une conduite éprouvée, des formes qui les rendent propres aux relations journalières qu'ils sont dans le cas d'avoir avec les autorités civiles et judiciaires. Il en sera dressé un état conforme au modèle n.° 17; mais ils n'en seront pas moins compris dans tel autre état qu'il y aura lieu, en raison de leur position et de leurs droits. Il est entendu qu'ils ne peuvent être choisis que parmi ceux susceptibles d'être placés ou rappelés à l'activité.

Officiers non admis à concourir.

12. L'article 11 de l'ordonnance porte, que les Officiers susceptibles de concourir à l'organisation des nouveaux régimens sont tous les Français qui ont servi dans leur grade actuel comme Officiers de cavalerie et qui n'entreront pas dans l'organisation de la Garde royale; mais il exclut les Officiers qui étaient démissionnaires ou en retraite avant le 20 Mars dernier, qu'ils aient ou n'aient pas repris du service, ou qui sont susceptibles de la retraite d'après les dispositions de l'ordonnance du 1.er Août, et conséquemment de l'instruction interprétative de ladite ordonnance. A ces deux classes d'Officiers l'Inspecteur général ajoutera ceux qui touchent un traitement de réforme; ceux qui, d'après les dispositions de l'article 12 de l'ordonnance du 1.er Août, ne sont plus admissibles à demander du service, et ceux qui ne sont revêtus que d'un grade purement honorifique.

En conséquence, l'Inspecteur général replacera, si fait n'a été, dans la position où ils étaient antérieurement au 20 Mars, les Officiers qui étaient ou démissionnaires ou en retraite avant cette époque, ou proposés pour la retraite avant le 1.er dudit mois. Il rejettera également les Officiers actuellement en retraite ou en réforme. A cet effet, il se fera remettre à l'avance, par les Commissaires des guerres chargés du service des soldes de retraite dans les départemens compris dans l'étendue de son arrondissement, l'état nominatif des Officiers qui jouissaient d'une solde de retraite en vertu d'ordres antérieurs au 20 Mars, et l'état nominatif des Officiers jouissant présentement d'un traitement de retraite ou de réforme, afin de pouvoir faire l'application de ces dispositions à tous ceux qui se présenteraient pour concourir.

Pour l'exécution de l'article 14 de l'ordonnance du 30 Août, les Officiers nés étrangers et non naturalisés qui désireront retourner dans leur pays, recevront une gratification de six mois de solde d'activité de la dernière classe de leur grade, sans accessoires : cette gratification leur sera acquittée en un seul paiement, par les soins du Sous-inspecteur aux revues de l'arrondissement, en même temps que le décompte de solde qui leur sera dû au moment de la revue, afin qu'ils puissent se rendre de suite dans leurs foyers.

L'Inspecteur général placera de droit au traitement de non-activité déterminé par l'article 13 de l'ordonnance (à l'exception de ceux à l'égard desquels le Ministre Secrétaire-d'État de la guerre lui aurait notifié des ordres contraires de la part du Roi), les Officiers étrangers qui, étant reconnus susceptibles de continuer à servir, demanderont à rester en France. Les autres seront classés dans telle catégorie qu'il y aura lieu, en raison de leur position particulière.

États à fournir.

13. Après avoir placé tous les Officiers qui auront dû être l'objet de son examen dans les différentes catégories où ils doivent se trouver, il en sera dressé des états dans l'ordre suivant:

1.° Officiers placés de droit à la solde de retraite;

2.° Officiers jugés susceptibles de retraite, et qui y ont été placés sur leur demande ou autrement, en vertu des dispositions de l'article 2 de l'ordonnance du 1.er Août 1815;

3.° Officiers proposés pour la retraite, pour cause de blessures ou d'infirmités;

4.° Officiers qui, ayant moins de dix ans de service et n'ayant pas de droits suffisans à une solde de retraite, sont susceptibles d'obtenir une gratification d'une année de leurs appointemens, conformément à l'article 5 de l'ordonnance du 1.er Août;

5.° Officiers qui demandent les invalides;

6.° Officiers qui demandent la vétérance;

7.° Officiers qui avaient été proposés pour la solde de retraite, le traitement de réforme ou la vétérance, avant le 1.er Mars, et qui ne connaissent pas encore la décision prise sur cette proposition;

8.° Officiers qui étaient démissionnaires avant le 20 Mars, et qui sont replacés dans cette position;

9.° Officiers qui étaient en retraite ou en réforme au 1.er Mars 1815;

10.° Officiers dont l'Inspecteur général a accepté la démission;

11.° Officiers admis au traitement de réforme spécial, mentionné dans l'article 8 ci-dessus;

12.° Officiers qui, en suite des opérations dont il sera parlé au titre suivant, auront été placés provisoirement en activité dans le nouveau régiment;

13.° Officiers renvoyés dans leur domicile, et qui auront paru à l'Inspecteur général susceptibles d'être admis aux emplois vacans de leur grade, ou qui viendront à vaquer dans la suite;

14.° Officiers renvoyés dans leur domicile et ne paraissant plus susceptibles d'être employés;

15.° Officiers étrangers qui demandent à quitter la France, et qui sont en conséquence portés pour la gratification mentionnée à l'article 12 de la présente instruction; 16.° Officiers étrangers qui, étant considérés comme propres au service et ayant manifesté l'intention de rester en France, doivent y jouir du traitement de non-activité;	Il sera fait pour les autres Officiers étrangers, selon le cas, des états séparés conformes aux modèles n.os 1, 2, 3, 4 7, 8, 9, 10 et 11.

17.° Officiers jugés susceptibles d'entrer dans la Gendarmerie royale;

18.° Officiers composant les Conseils d'administration des régimens dissous. Cet état indiquera dans laquelle des catégories ci-dessus ils ont été placés sur les autres états.

19.° Officiers absens à l'époque du licenciement.

Ces états seront numérotés suivant l'ordre établi ci-dessus, de 1 à 19, et conformes aux modèles ci-joints; ils seront dressés séparément, savoir : pour chaque corps licencié, par son Conseil d'administration; et pour les Officiers, Sous-officiers et cavaliers rentrés isolément dans leurs foyers, par l'Inspecteur ou Sous-inspecteur aux revues attaché à l'Inspecteur général. Les Officiers y seront placés par grade et par rang d'ancienneté dans chaque grade. Les mémoires de proposition et les rapports spéciaux ne seront faits qu'en simple expédition.

Les états n.os 1, 2, 3, 5, 6 et 11, seront accompagnés des mémoires de proposition conformes au modèle ci-joint, n.° 21.

Les états n.os 12, 13, 14, 16 et 18 seront accompagnés du rapport spécial fait sur chaque Officier. Ce rapport sera conforme au modèle ci-joint, n.° 22.

Officiers rentrant dans leurs foyers.

14. Lorsque l'Inspecteur général aura déterminé le rang de chacun, les Officiers qui ne seront pas conservés pour faire provisoirement partie du cadre du régiment, rentreront dans leur domicile, pour y jouir du traitement qui leur est ou qui leur sera affecté, suivant la classe dans laquelle ils se trouvent.

Ce traitement courra à compter du jour de leur départ du lieu de l'organisation, si ce n'est pour les Officiers proposés pour la solde de retraite, lesquels jouiront encore du traitement d'activité de leur grade, sans accessoires, pendant trois mois à dater du jour qu'ils auront été désignés pour la retraite par l'Inspecteur général : ceux qui n'auraient qu'une demi-solde inférieure à leur retraite, pourront opter pour leur solde de retraite à partir dudit jour.

Le traitement de non-activité sera payé de mois en mois comme la solde, et sans indemnité, jusqu'au 1.er Janvier prochain, époque à compter de laquelle le paiement n'aura plus lieu que tous les trimestres. Les Colonels seuls auront droit à une ration de fourrages.

Les traitemens d'activité et de non-activité mentionnés dans les deux paragraphes précédens, seront acquittés sur les revues du Sous-inspecteur de l'arrondissement.

L'année d'appointemens accordée à titre de gratification aux Officiers qui seront compris dans l'état n.° 4, indiqué ci-dessus, article 13, ne courra que du 1.er Janvier 1816, et leur sera payée par trimestre, sans aucune espèce d'indemnité, par les soins du Sous-inspecteur aux revues de l'arrondissement : ils conserveront, jusqu'à la fin de 1815, leur traitement d'activité, sans accessoires, ou leur demi-solde, suivant la position dans laquelle ils se trouvent.

Quant aux Officiers de santé qui ne seraient pas mis en activité dans le nouveau régiment, ou qui ne seraient pas placés à la solde de retraite, ils seront l'objet d'une instruction particulière, qui sera adressée aux Inspecteurs généraux à ce sujet.

Les Officiers qui doivent rentrer dans leurs foyers seront munis, ceux présens aux corps licenciés, d'un certificat du Conseil d'administration, visé et approuvé par l'Inspecteur général ; les autres, d'un certificat de l'Inspecteur aux revues attaché à l'inspection, visé et approuvé par l'Inspecteur général. A leur arrivée dans le département de leur domicile, ces Officiers se présenteront devant le Général commandant le département, qui visera leur certificat et l'enverra au *visa* du Lieutenant général commandant la division ; après quoi il le leur rendra. L'Inspecteur général leur donnera connaissance de ces dispositions, afin qu'ils aient à s'y conformer.

Officiers qui se présenteront après la clôture du travail.

15. Si, après la clôture du travail, il se présente encore des Officiers, l'Inspecteur général les examinera et en fera former des états supplémentaires, suivant la catégorie dans laquelle il les aura placés.

Sous-officiers et Cavaliers.

Visites et contre-visites.

16. L'Inspecteur général divisera les Sous-officiers et cavaliers en deux classes :

La première, composée de ceux propres à continuer leur service ;

La seconde, de ceux qui lui en paraîtront incapables, outre ceux compris dans les listes provisoires de présentation dont il a été parlé ci-devant, article 5. Il les fera visiter, si fait n'a été, et contre-visiter tous en sa présence, par deux Officiers de santé choisis à cet effet par lui, et étrangers au corps.

Invalides, Retraites, Vétérance.

17. Il désignera, pour les invalides, la retraite ou la vétérance, ceux qui lui paraîtront avoir droit à l'une ou à l'autre de ces récompenses, en raison de leurs blessures, de leurs infirmités ou de leur ancienneté de service, en se conformant, à cet égard, aux dispositions des ordonnances des 18 mai et 27 Août 1814.

Pour cette année seulement, il ne sera proposé pour l'hôtel royal des invalides que des militaires amputés, sauf les exceptions dont des blessures ou infirmités très-graves feraient des cas particuliers.

Les hommes proposés pour l'hôtel royal des invalides et les compagnies de vétérans, attendront leur destination auprès du nouveau corps.

L'Inspecteur général pourra accorder des congés absolus à ceux de ces derniers qui, ayant des moyens d'existence, préféreront se retirer dans leur famille; mais, dans ce cas, leur congé fera mention qu'ils ont renoncé à la vétérance.

Les hommes proposés pour la retraite seront renvoyés de suite dans leurs foyers avec leur mémoire de proposition, à moins qu'ils n'aient pas de moyens d'existence dans leur famille; auquel cas ils attendront au nouveau régiment qu'il soit statué sur leur sort, et l'état qui les concernera en fera mention.

Indemnités une fois payées.

18. L'Inspecteur général proposera pour une indemnité une fois payée, les Sous-officiers et cavaliers à qui il lui paraîtrait injuste de n'ac-

corder que la réforme pure et simple. Ils seront renvoyés de suite dans leurs foyers, et y attendront la décision du Ministre.

Réformes et Congés absolus.

19. Il prononcera la réforme pure et simple de tous ceux qui ne lui paraîtront plus propres à servir utilement, et qui n'auront pas droit à une récompense. Ces militaires seront renvoyés de suite dans leurs foyers avec leur congé.

L'article 2 de l'ordonnance prononce la réforme des Sous-officiers et cavaliers ayant moins d'un mètre 597 millimètres (4 pieds 11 pouces), et permet à tous ceux qui ont huit ans de service et au-delà, ou qui sont les indispensables soutiens de leur famille, de réclamer leur congé absolu.

Le Roi veut que tout militaire qui aura vingt-cinq ans révolus au 1.er Janvier 1815, soit considéré comme ayant huit ans de service, et ait droit au congé absolu pour ancienneté; qu'il suffise qu'un militaire soit dans l'un des cas suivans, pour avoir droit à son congé absolu comme indispensable soutien de sa famille :

S'il est marié;

S'il est veuf, ayant un ou plusieurs enfans;

S'il doit pourvoir ou aider par son travail à la subsistance de son père ou de sa mère, de son beau-père ou de sa belle-mère, de ses frères ou sœurs orphelins;

S'il est fils unique;

S'il a un frère en activité ou mort au service, et s'il n'a pas d'autre frère, ou s'il n'en a que d'infirmes;

S'il a deux frères en activité ou morts au
service, quel que soit le nombre de ses autre
frères ;

Enfin, s'il est chef d'établissement.

Ces dispositions ne sont applicables aux rem
plaçans qu'autant qu'il y aura plus de huit an
qu'ils servent, ou que la gravité du cas sur
venu depuis leur engagement sera de natur
à réclamer une exception.

L'Inspecteur général accordera aux militaire
qui ne pourraient prouver sur-le-champ qu'il
ont eu vingt-cinq ans révolus au 1.er Janvie
1815, ou qu'ils sont mariés, ou qu'ils son
indispensables à leur famille, un délai suffisan
pour produire leurs pièces justificatives.
prononcera ultérieurement sur leurs réclama
tions au fur et à mesure de la production de
preuves.

Il pourra faire, quant aux réformes pou
défaut de taille, les exceptions qui tourneraien
au bien du service de SA MAJESTÉ, en raiso
de l'aptitude, des talens et de la bonne con
duite.

L'Inspecteur général pourra renvoyer ave
leur congé absolu les Sous-officiers et Brigadie
que, par suite de l'examen prescrit ci-après pa
l'article 25 de la présente instruction, il ne ju
gerait pas susceptibles d'être conservés, et qu
n'auraient pas droit à la retraite, aux invalides
à la vétérance, ou à une gratification une fo
payée.

Conscrits de 1815.

20. Les hommes qui appartiennent par leu
âge à la conscription de 1815, peuvent être ren

voyés purement et simplement dans leurs foyers ; l'appel fait sur cette classe ayant été considéré comme non avenu par les ordonnances des 15 Mai et 12 Décembre 1814. Il sera dressé, conforme au modèle n.° 32, un état de ceux qui auront été l'objet de cette disposition, laquelle est applicable à leurs remplaçans.

Feuille de route et départ.

21. Les feuilles de route seront présentées au *visa* de l'autorité compétente des Alliés, s'il y en a, dans les cas où le pays que les militaires auront à traverser rendra cette précaution convenable pour qu'ils puissent voyager sans être inquiétés.

L'indemnité de route sera payée, les moyens de transport et le logement seront fournis aux ayans-droit, ainsi qu'il est prescrit par les réglemens existans.

Conformément à l'article 2 de l'ordonnance, le décompte de tous les militaires envoyés, soit aux invalides, soit aux vétérans, ou rentrant dans leurs foyers avec retraite ou congé, leur sera fait avant leur départ. L'Inspecteur général s'assurera qu'aucun d'eux ne soit mis en route sans l'avoir reçu, ou sans avoir été nanti d'un certificat de non-paiement, si le décompte n'a pu être soldé faute de fonds, et sans qu'il ait été fait droit à toutes ses réclamations.

L'Inspecteur général rappellera aux Sous-officiers et cavaliers rentrant dans leurs foyers, soit avec leur pension, soit avec leur congé, qu'ils doivent, à leur arrivée, faire viser leur titre par le Maire de leur commune et par le Commandant de la gendarmerie royale du lieu de leur domicile ou du lieu le plus voisin, et il leur enjoindra de se conformer à cette disposition, dont l'inobservance les exposerait à être arrêtés.

Enfans de troupe mis en subsistance.

22. Les enfans de troupe dont le père ne serait pas présent, n'existerait plus, ou ne serait pas destiné à faire partie du nouveau régiment, y passeront provisoirement en subsistance, s'ils n'ont sur les lieux ni parent ni protecteur qui en dispose autrement. L'Inspecteur général en rendra compte au Ministre, afin qu'il soit pris un parti définitif à leur égard.

Sous-officiers et cavaliers rentrés isolément dans leurs foyers.

23. L'Inspecteur général ayant dû, pour l'exécution des articles 3 et 8 de l'ordonnance, se concerter à l'avance, ainsi qu'il a été dit art. 4 de la présente instruction, avec le Préfet et les Généraux commandant les divisions et les départemens, pour le rappel des Sous-officiers et cavaliers rentrés dans leur domicile avec des congés limités, ainsi que pour celui des hommes qui sont rentrés dans le département sans titre légal, passera également la revue desdits Sous-officiers et cavaliers qui seront mis à sa disposition par le Conseil d'examen, et leur appliquera les dispositions des articles 16, 17, 18, 19, 20 et 21 ci-dessus.

Il en fera pareillement l'application aux Sous-officiers et cavaliers en route pour rentrer dans leurs foyers ou pour rejoindre, si toutefois le licenciement du corps auquel ils ont appartenu s'opère trop loin pour les y renvoyer.

Il pourra même prononcer la réforme de ceux qui lui en paraîtront susceptibles, encore qu'ils aient été maintenus par un Conseil d'examen.

Il fera tenir en double expédition, par l'Inspecteur aux revues adjoint à son inspection, le contrôle auquel ce travail donnera lieu. L'Inspecteur général en adressera un relevé, avec toutes les pièces y relatives, aux Inspecteurs généraux des corps auxquels ces hommes ont appartenu. Ces Inspecteurs généraux en feront comprendre les résultats dans ceux de leur inspection, et lui transmettront les congés ou mémoires de proposition en bonne forme.

En attendant, ceux de ces hommes qui ne seront pas destinés à concourir à la formation des nouveaux régimens, seront, autant que possible, renvoyés chez eux avec une prolongation de permission de l'Inspecteur général, qui leur fera remettre leurs congés ou mémoires de proposition par les Préfets, ou resteront en subsistance jusqu'à l'arrivée des pièces qui les concernent, lorsqu'il ne sera pas possible de faire autrement.

Les inspecteurs généraux devront veiller à ce que ces pièces s'expédient promptement, en faire l'envoi avec célérité, et suppléer, chacun en ce qui le concerne, dans l'esprit qui dirige ces dispositions, à toutes celles qu'il n'est pas possible de prévoir pour tous les cas par la présente instruction.

Sous-officiers et cavaliers qui se présenteront après la clôture du travail.

24. L'Inspecteur général appliquera, selon qu'il y aura lieu, toutes les dispositions de l'article précédent aux Sous-officiers et cavaliers qui se présenteront après la clôture de son travail, et il en fera dresser des états supplémentaires.

Examen et choix des Sous-officiers et Brigadiers en état de servir.

25. L'Inspecteur général examinera avec la plus grande attention les Sous-officiers et Brigadiers en état de servir, afin de n'admettre en cette qualité dans les nouveaux régimens que ceux qui réuniront une bonne conduite reconnue aux connaissances nécessaires à leur emploi. Il ne négligera aucun moyen de s'assurer de leurs mœurs et de leur conduite, parce que, vivant habituellement avec les cavaliers, il est de la dernière importance qu'ils soient dévoués au Roi, afin que le cavalier puisse prendre les mêmes principes et les suivre en toute circonstance. A cet effet, l'Inspecteur général et le Colonel admettront de préférence ceux qui en auront fourni des témoignages certains, soit en servant dans les corps qui ont donné des preuves de fidélité dans ces derniers temps, soit en se conformant avec soumission aux ordres qu'ils auront reçus pour concourir à l'organisation des nouveaux régimens.

Ceux qu'ils ne jugeraient pas susceptibles d'être conservés, seront renvoyés de suite avec leur congé absolu, ainsi qu'il a été dit à l'article 19 de la présente instruction.

L'Inspecteur général se fera remettre un état des Sous-officiers employés comme élèves-instructeurs à l'école de cavalerie de Saumur, afin de pouvoir choisir, de concert avec le Colonel du nouveau régiment, ceux qui lui paraîtront mériter d'être conservés, ainsi qu'il a été dit à l'article 10 pour les Officiers.

Sous-officiers et Brigadiers proposés pour la gendarmerie.

26. L'Inspecteur général examinera avec un soin particulier les Sous-officiers et Brigadiers qui, d'après les dispositions de l'article 6 de l'ordonnance, demanderont à entrer dans la gendarmerie royale. Ils doivent savoir lire et écrire correctement, avoir 5 pieds 5 pouces pour la cavalerie, 5 pieds 4 pouces pour l'infanterie, et être âgés de vingt-cinq ans au moins, et de quarante au plus.

La préférence sera donnée à ceux qui voudront s'habiller, se monter et s'équiper à leurs frais.

Il ne peut y être admis que des hommes sages et d'une moralité éprouvée. Ceux qui ne réuniraient pas les qualités requises, ou dont la conduite se serait démentie, seraient renvoyés dans la ligne comme simples cavaliers de recrue, lors de la première revue des Inspecteurs généraux de la gendarmerie, et perdraient ainsi tout-à-la-fois, par leur faute, leur ancien grade et leur ancienneté.

Les Adjudans, les Maréchaux-des-logis chefs et les Sergens-majors qui auront occupé ces emplois au moins pendant un an, seront admis comme Brigadiers. Ils en porteront les marques distinctives dès le jour de leur arrivée; mais ils n'en toucheront la solde qu'après avoir été pourvus des premiers emplois vacans, dans le cas où il ne s'en trouverait pas lors de leur admission. Ces Sous-officiers seront de droit candidats pour les places de Maréchaux-de-logis, après un an de service comme Brigadiers titulaires.

Les Sergens, Maréchaux-des-logis et Fourriers ne seront admis que comme Gendarmes; mais après un an de service dans cet emploi, ils seront de droit candidats pour le grade de Brigadier.

Les Brigadiers et Caporaux seront également admis en qualité de Gendarmes, mais sans pouvoir être candidats de droit.

L'indemnité de première mise continuera d'être accordée aux militaires sortant immédiatement des corps.

Les quatre années de service exigées par ladite ordonnance pour l'admission comme simple gendarme, ne sont pas de rigueur, dans la formation actuelle, pour les volontaires royaux qui justifieront avoir servi dans les corps levés en 1815, non plus que pour les autres militaires, pourvu qu'ils réunissent les autres conditions.

Les Sous-officiers et Brigadiers proposés pour la gendarmerie n'en concourront pas moins à l'organisation des nouveaux régimens, et y attendront les ordres qui pourront leur être adressés par le Ministre Secrétaire-d'État de la guerre. Il en sera dressé un état conforme au modèle n.° 33. C'est sur les états fournis par les inspecteurs généraux qu'ils pourront être choisis pour être appelés à une résidence.

L'Inspecteur général pourra envoyer de lui-même dans la gendarmerie les Sous-officiers et Brigadiers désignés, en raison des besoins que lui feraient connaître les Capitaines ou Chefs de légion.

Il aura soin, à son arrivée, de faire annoncer toutes ces dispositions et celles de l'article 47 ci-après, à l'ordre du jour de la division et des corps.

États.

27. Les Etats à fournir pour le travail relatif aux Sous-officiers et cavaliers, seront conformes aux modèles ci-joints pour les divers cas; savoir:

N.° 23. Invalides;
24. Vétérance;
25. Retraite;
26. Indemnité une fois payée;
27. Réforme pure et simple;
28. Sous-officiers et cavaliers auxquels il a été délivré des congés de réforme pour défaut de taille;
29. Ceux auxquels il a été délivré des congés absolus, comme ayant huit ans de service et au-delà;
30. Ceux auxquels il a été délivré des congés absolus, comme ayant eu vingt-cinq ans révolus au 1.er Janvier 1815, et

étant considérés comme ayant huit ans de service;

N.° 31. Ceux auxquels il a été délivré des congés absolus, comme étant les soutiens de leur famille;

32. Conscrits de 1815, renvoyés dans leurs foyers;

33. Sous-officiers et Brigadiers jugés susceptibles d'entrer dans la Gendarmerie royale, et qui attendent des ordres;

33 *bis*. Sous-officiers et Brigadiers envoyés dans la Gendarmerie par l'Inspecteur général;

34. Enfans de troupe sans parens et sans protecteur, placés provisoirement dans le nouveau corps;

35. Enfans de troupe admis définitivement;

36. Sous-officiers et cavaliers absens, avec ou sans autorisation, à l'époque de la revue de l'Inspecteur général, ou dont on ignore le sort depuis le 18 Juin.

Ces états seront dressés séparément, savoir: pour chaque corps licencié, par son Conseil d'administration; et pour les Sous-officiers et cavaliers rentrés isolément dans leurs foyers, par l'Inspecteur ou Sous-inspecteur aux revues attaché à l'Inspecteur général.

Les états n.ºs 23, 24, 25 et 26, seront accompagnés des mémoires de proposition conformes au modèle n.° 37, et des certificats de visite et contre-visite; celui n.° 31, des certificats à l'appui.

Sous-officiers et cavaliers, avec ou sans permission dans leurs foyers, non-comparans.

28. L'article 8 de l'ordonnance portant que les hommes qui n'obéiront pas aux convocations dans les délais fixés, seront considérés et poursuivis comme déserteurs, l'Inspecteur général fera dresser et remettre au Préfet du département une liste de ceux qui, étant portés sur les tableaux du Conseil d'examen pour concourir à l'organisation de la cavalerie, ne se seront pas présentés, afin qu'on puisse leur appliquer les dispositions de cet article.

Sous-officiers et cavaliers destinés à entrer dans les nouveaux régimens.

29. Les Sous-officiers et cavaliers en état de servir, qui n'auront pas droit à leur congé, et que l'Inspecteur général aura jugés susceptibles d'être conservés, pourront être admis dans les nouveaux régimens. Les Colonels desdits régimens choisiront, sauf l'approbation de l'Inspecteur général, d'après l'article 7 de l'ordonnance. En conséquence, tous ces militaires seront réservés pour concourir à leur organisation, laquelle devra commencer, conformément aux dispositions fixées titre III ci-après, le jour même que s'achevera la dissolution du corps licencié.

Procès verbal de licenciement.

30. L'inspecteur général fera dresser, par l'Ins-

pecteur aux revues, procès-verbal du licenciement de chaque corps ou portion de corps.

Ce procès-verbal, qui sera consigné sur les registres du corps licencié, devra constater:

1.° Le résultat de la revue prescrite par l'art. 7 de la présente instruction. On y portera nominativement les Officiers, et numériquement les Sous-officiers et cavaliers, ainsi que les chevaux.

2.° Les diverses destinations données aux Officiers, Sous-officiers et cavaliers, suivant le détail indiqué aux articles 13, 27 et 29;

3.° La situation des finances;

4.° Celle du matériel en magasin;

5.° Celle du matériel en service.

Il se terminera par la déclaration de l'Inspecteur général, que le corps est dissous conformément aux ordonnances du Roi des 23 Mars et 30 Août derniers.

L'Inspecteur général s'en fera remettre trois expéditions, et en transmettra deux au Ministre Secrétaire-d'Etat de la guerre.

Administration et Matériel des Corps licenciés.

Conseils d'administration et autres comptables.

31. Le Conseil d'administration (c'est-à-dire les membres gérant au moment du licenciement), le Quartier-maître-trésorier et l'Officier d'habillement des corps licenciés, doivent être provisoirement conservés, d'après l'article 10 de l'ordonnance, pour la garde des archives, de la caisse et des effets en magasin, pour la

reddition des comptes et les renseignemens à fournir.

A ces divers objets il faut ajouter le décompte des Officiers, Sous-officiers et cavaliers, désignés pour les invalides ou la vétérance, ou rentrant dans leurs foyers, ou passant dans les nouveaux régimens ; l'expédition des mémoires de proposition et des congés ; la rédaction des divers états relatifs à l'inspection ; la délivrance des états de service et certificats de toute espèce ; l'inscription des diverses destinations données aux Officiers, Sous-officiers et cavaliers, par suite du licenciement, etc.

Ces Conseils et comptables resteront en activité près du nouveau régiment, et continueront à en recevoir le traitement et les indemnités, jusqu'à l'entier achèvement des opérations relatives au licenciement et à l'apurement définitif des comptes.

Cette mesure n'empêchera pas que ces Officiers ne puissent concourir, dès à présent, à l'organisation des nouveaux régimens, ni que ceux de ces Officiers sur lesquels le Colonel et l'Inspecteur général porteraient leur choix, n'y entrent comme titulaires provisoires.

Caisses, chevaux et matériel.

32. La caisse, les chevaux, et tout le matériel des corps licenciés, dont la situation aura dû être constatée d'avance par l'Inspecteur ou Sous-inspecteur aux revues attaché à l'Inspecteur général, seront remis au Conseil d'administration du nouveau régiment, à l'instant de son installation : ce Conseil en demeurera comptable dès ce moment, et le Conseil d'ad-

ministration du corps licencié en demeurera déchargé. Il sera dressé du tout, par le même Inspecteur ou Sous-inspecteur aux revues, un procès-verbal qui sera consigné sur les registres de l'un et de l'autre Conseil, signé des membres de l'un et de l'autre, ainsi que de l'Inspecteur aux revues et de l'Inspecteur général, à qui il en sera remis trois expéditions, dont deux seront transmises par lui au Ministre Secrétaire-d'État de la guerre, et l'autre restera entre ses mains.

Les membres des Conseils d'administration et autres comptables des corps licenciés pourront, s'ils le désirent, en avoir, chacun individuellement, une expédition certifiée par l'Inspecteur ou Sous-inspecteur aux revues susdésigné, et visée par l'Inspecteur général.

TITRE III.

Organisation.

Choix et acceptation des Officiers, Sous-officiers et Cavaliers.

Officiers et Sous-officiers présentés pour les nouveaux régimens.

33. Les articles 7 et 12 de l'ordonnance du Roi veulent que les Sous-officiers et cavaliers, ainsi que les deux tiers des Officiers inférieurs qui doivent entrer provisoirement dans la composition du nouveau régiment, soient présentés par le Colonel. Il est évident toutefois que le Colonel qui, d'après les articles 7 et 11, a la faculté de choisir parmi tous les Officiers, Sous-officiers et soldats ayant servi dans la cava-

lerie, ou dans les divers corps à cheval levés notoirement par ordre du Roi ou des Princes de sa Maison, et supprimés par l'article 31 de l'ordonnance de Sa Majesté, pourvu qu'ils ne soient ni étrangers, ni démissionnaires, ni en retraite, ou désignés pour la retraite, la réforme, la vétérance, ne peut fixer son choix sur ceux que l'Inspecteur général ne jugerait pas susceptibles d'être conservés.

L'Inspecteur général examinera avec attention, ainsi qu'il a été dit aux articles 10 et 25 de la présente instruction, les Officiers, Sous-officiers et cavaliers présentés par le Colonel, qui jusqu'alors n'auraient pas encore paru devant lui, afin de s'assurer de leur aptitude et de la légitimité de leurs droits. Il prendra à leur égard telles informations qu'il jugera à propos, suivant ce qui a été dit à l'article 10. Il n'admettra que ceux qui ne seraient dans aucun des cas d'exclusion prévus par l'ordonnance du 1.er Août sur les retraites, ou par celle relative à l'organisation.

Ainsi l'Inspecteur général, avant d'accepter aucun Officier, Sous-officier ou cavalier, devra toujours s'être assuré de ses droits, et il sera le seul juge des prétentions relatives au rang et à l'ancienneté, suivant ce qui a été dit à cet égard dans le dernier paragraphe de l'article 10 précité.

Les Sous-officiers, Brigadiers et cavaliers de la vieille garde, qui n'entreront pas dans la Garde royale ou dans la Gendarmerie, concourront, avec tous les droits dont ils jouissaient, à la formation des nouveaux régimens. Ceux dits de jeune garde n'y seront admis que sur le même pied que ceux de l'armée.

Formation des Cadres.

Choix et placement des Officiers.

34. L'article 12 de l'ordonnance réserve au Roi le choix définitif, et laisse à l'Inspecteur général et au Colonel le choix et le placement provisoires des deux tiers des Officiers inférieurs.

Ils sont au nombre de 39 pour tout un régiment de quatre escadrons; on en aura donc 26 à désigner de suite.

Sur ce nombre on comprendra :

Pour l'État-major.	Un Adjudant-major (Lieutenant ou Capitaine).................. L'Officier d'habillement (Lieutenant ou Capitaine).................. Le Porte-étendard ou Porte-guidon (Sous-lieutenant).............. Un Chirurgien-major ou Chirurgien-aide	4
Pour les escadrons.	2 Capitaines en premier .... afin qu'il y en ait au moins un pour deux escadrons. 2 Capitaines en second .... afin qu'on puisse avoir un Capitaine dans chaque escadron. 3 Lieutenans en premier......... 3 Lieutenans en second.......... Savoir, deux Lieutenans en premier et deux en second pour les escadrons; un en premier pour remplir provisoirement au besoin les fonctions de trésorier, et un en second pour remplir provisoirement celles du second Adjudant-major, mais comptant tous deux dans les escadrons. 12 Sous-lieutenans.............. afin d'en avoir un pour deux pelotons, ce qui en emploira déjà huit, et un pour faire fonctions de Lieutenant dans chaque escadron.	22

Les 22 Officiers pour les escadrons seront répartis ainsi qu'il suit :

1.er ESCADRON.				2.e ESCADRON.				3.e ESCADRON.				4.e ESCADRON.				22
Le plus ancien Capitaine en premier.				Le premier Capitaine en second.				Le deuxième Capitaine en premier.				Le deuxième Capitaine en second.				4
1.re DIVISION		2.e DIVISION.		1.re DIVISION		2.e DIVISION.		1.re DIVISION		2.e DIVISION.		1.re DIVISION		2.e DIVISION.		
Le 1.er Lieutenant en premier.		Le 1.er S.-lieut. du régiment.		Le 1.er Lieutenant en second.		Le 2.e S.-lieut. du régiment.		Le 2.e Lieutenant en premier.		Le 3.e S.-lieut. du régiment.		Le 2.e Lieutenant en second.		Le 4.e S.-lieut. du régiment.		8
PELOTONS.				PELOTONS.				PELOTONS.				PELOTONS.				
1.er	2.e	3.e	4.e	1.er	2.e	3.e	4.e	1.er	2.e	3.e	4.e	1.er	2.e	3.e	4.e	
5.e Sous-lieut.	=	9.e Sous-lieut.	=	6.e Sous-lieut.	=	10.e Sous-lieut.	=	7.e Sous-lieut.	=	11.e Sous-lieut.	=	8.e Sous-lieut.	=	12.e Sous-lieut.	=	8
Le Lieutenant en premier faisant fonctions de trésorier comptera dans la 1.re division du 2.e escadron, et le Lieutenant en second faisant fonctions d'Adjudant-major, dans la 2.e du 1.er A l'arrivée des titulaires des fonctions qu'ils remplissent par *interim*, chacun de ces Officiers prendra la division du moins ancien des Sous-lieutenans qui en commandent une, et celui-ci passera dans les pelotons.																2

Ce classement, qui n'est que provisoire, et dont l'objet est de pourvoir aux besoins et à la régularité du service, ne durera, sauf les modifications que l'arrivée d'autres Officiers pourra y apporter ultérieurement, et qui seront indiquées successivement par l'Inspecteur général, que jusqu'à ce que les cadres soient complétés par le Roi. A cette époque, le classement sera général sur tout le régiment, et les Officiers prendront le rang que leur assignera leur ancienneté de grade, conformément à ce qui est prescrit par l'article 28 de l'ordonnance de constitution.

Ce ne sera aussi qu'à cette époque que les escadrons prendront les noms de leurs Capitaines ; jusque-là on les distinguera provisoirement par les n.os 1, 2, 3, 4, selon leur rang de bataille.

Si l'Inspecteur général et le Colonel s'accordent à présenter le Quartier-maître trésorier d'un des corps licenciés, à la nomination de Sa Majesté, pour l'emploi de Trésorier du nouveau régiment, il pourra être provisoirement mis en fonctions.

Si le nombre des Officiers susceptibles d'être employés, présentés et agréés, se trouvait inférieur à celui indiqué ci-dessus, l'Inspecteur général ne le compléterait, dans aucun cas, par l'admission d'aucun de ceux qui ne réuniraient par les conditions exigées; mais il en rendrait compte au Ministre, qui y suppléerait, à moins que l'Inspecteur général et le Colonel n'entrevissent la possibilité de le faire par l'excédant en Officiers de choix appelés à concourir à l'organisation d'un autre régiment dont l'Inspecteur général serait chargé.

Constitution des cadres.

35. Après avoir déterminé le classement provisoire des Officiers, conformément au tableau ci-dessus, et fixé son choix sur les Sous-officiers, l'Inspecteur général fera assembler à pied, sur le terrain, tous les militaires reconnus susceptibles de faire partie du nouveau régiment: il formera les cadres, en se conformant, en proportion de l'effectif, aux dispositions de l'article 23 de l'ordonnance, pour la division des pelotons, sections et escouades, dans lesquelles il répartira les Sous-officiers et cavaliers présens, de manière à en égaliser la force respective. Le Colonel suivra ultérieurement la même méthode à l'égard des accroissemens qui pourront survenir, et recommencera cette opération dès que les escadrons seront à peu près au complet, de manière que les fractions de l'escadron soient toujours composées des mêmes hommes, soit dans les chambrées, soit sur le terrain, et qu'ainsi les Officiers et Sous-officiers aient dans tous les temps les mêmes subordonnés.

Contrôles.

36. Les contrôles seront établis à l'instant par les Capitaines :

L'un sera le résultat de la formation des pelotons, sections et escouades, indiquée dans l'article précédent ;

Un second, pour les régimens de dragons seulement, présentera les hommes selon leur rang de taille à pied ;

Un troisième, par ancienneté, sera la base du contrôle annuel, dont l'Inspecteur général prescrira que l'on s'occupe immédiatement, et qui ne servira uniquement que pour les revues de solde et de subsistance.

Enfans de troupe.

37. Outre les enfans de troupe mentionnés à l'article 22 de la présente instruction, l'Inspecteur général fera porter sur les contrôles, conformément aux dispositions de l'article 24 de l'ordonnance du 30 Août, tous ceux des Sous-officiers et cavaliers admis dans le nouveau régiment, qui existaient en cette qualité sur les contrôles des corps licenciés.

Si le nombre total des enfans de troupe se trouvait inférieur à celui de quatre par escadron, non compris ceux mentionnés à l'article 22 ci-dessus, l'Inspecteur général pourrait admettre d'autres enfans de Sous-officiers ou cavaliers faisant partie du corps, jusqu'à concurrence du complet, fixé à seize pour tout le régiment.

Manque au complet.

38. Dans le cas où il n'existerait pas un nombre suffisant de Sous-officiers, Brigadiers et cavaliers, il n'en sera nommé ni appelé de nouveaux sans ordre formel du Ministre. L'état qui constatera le manque au complet sera conforme au modèle ci-joint, n.° 38.

Excédant en Sous-officiers, Brigadiers et cavaliers.

39. S'il y a de l'excédant en Sous-officiers et Brigadiers, l'Inspecteur général pourra, ou les recevoir, sur la demande des Colonels, dans

les autres corps qu'il aurait à organiser, ou les mettre à la disposition des Inspecteurs généraux voisins et des Colonels sous leur inspection qui en auraient besoin, ou, à défaut de ces deux moyens, les placer à la suite, où ils resteront et feront le service avec ceux des escadrons auxquels ils seront provisoirement attachés en cette qualité, jusqu'à ce qu'ils puissent être remis en activité, soit dans le régiment, soit dans tout autre qui leur serait désigné, ou enfin donner leur congé absolu à ceux qui le préféreront. Il en sera dressé, selon le cas, des états conformes aux modèles n.os 39, 40, 41 et 42, sur lesquels états ils seront portés par grade et par rang d'ancienneté dans chaque grade; et les Colonels auront soin d'informer le Ministre des nouvelles destinations, au fur et à mesure qu'elles surviendront.

S'il y a de l'excédant en cavaliers et trompettes, l'Inspecteur général pourra, ainsi qu'il vient d'être dit pour les Sous-officiers et Brigadiers, les recevoir dans un autre régiment, ou les mettre à la disposition des Inspecteurs généraux et des Colonels des régimens voisins qui en auraient besoin, ou les renvoyer sans solde dans leurs foyers avec des congés de trois mois, à l'exception de ceux qui n'auraient pas de moyens d'existence, lesquels continueront de recevoir provisoirement la subsistance près et par les soins du nouveau régiment, jusqu'à ce qu'il ait été statué à leur égard par le Ministre.

Il en sera dressé, selon le cas et par régiment, des états conformes aux modèles n.os 43, 44, 45 et 46.

Un extrait de l'état n.o 45 sera adressé au

Préfet de chaque département, afin qu'il puissse connaître quels sont les hommes qui ont été provisoirement renvoyés dans leurs foyers.

École de Saumur.

40. Si, parmi les Officiers et Sous-officiers actuellement à l'école de Saumur, il a été choisi, pour faire partie du nouveau régiment, d'après ce qui a été dit aux articles 10 et 25 de la présente instruction, moins de deux Officiers et deux Sous-officiers (ce qui était le nombre affecté précédemment à chaque corps), l'Inspecteur général désignera, pour y être envoyés d'après les ordres qui seront donnés plus tard, ceux qui lui paraîtront les plus propres à y devenir instructeurs, et il en adressera au Ministre un état conforme au modèle n.° 47.

Administration.

Composition du Conseil d'administration.

41. Après avoir constitué les cadres du régiment, l'Inspecteur général, accompagné de l'Inspecteur ou Sous-inspecteur aux revues qui lui a été spécialement attaché, fera assembler auprès de lui les Officiers qui doivent composer le Conseil d'administration du régiment; et dans le cas où ils ne seraient pas tous présens, il choisira des suppléans pris parmi les plus anciens Capitaines. Ces suppléans sortiront du Conseil, par ordre d'infériorité de rang, au fur et à mesure de l'arrivée des membres nés de ce Conseil.

L'Inspecteur général se rappellera qu'aux termes des ordonnances des 20 Janvier et 30 Août

1815, ce Conseil doit être composé ainsi qu'il suit:

Le Colonel, *Président;*

Le Lieutenant-colonel;

Le plus ancien Chef d'escadron;

Le Major, *Rapporteur;*

Deux Capitaines, au choix des autres Officiers de ce grade; et qu'il doit y avoir pour suppléans,

Le deuxième Chef d'escadron,

Et deux Capitaines, choisis comme les Capitaines membres du Conseil.

Jusqu'à ce que tous les Capitaines du régiment soient installés, le choix sera suspendu, et l'ancienneté de grade déterminera leur admission au Conseil.

Installation.

42. L'inspecteur général, après les vérifications nécessaires, installera définitivement le Conseil d'administration; il lui fera donner connaissance, par l'Inspecteur aux revues, des lois et réglemens qu'il doit suivre pour la gestion de la comptabilité, et des registres qu'il doit ouvrir pour l'établir et pour constater l'état civil des militaires qui font partie du régiment.

Le premier article du registre des délibérations sera l'inscription du procès-verbal d'installation de ce Conseil. Ce procès-verbal sera signé par l'Inspecteur général, par l'Inspecteur aux revues par qui il sera rédigé, et par chacun des membres du Conseil d'administration.

La remise de la caisse, des chevaux et de tout le matériel des corps licenciés qui ont concouru à la composition du nouveau régiment, devant s'effectuer de la manière qu'il a été dit article 32 de la présente instruction, à l'instant de la formation, le premier soin du Conseil devra être de prendre possession du tout, après les vérifications convenables, par l'entremise de ceux de ses membres ou autres Officiers qu'il jugera à propos d'en charger, en présence de l'Inspecteur général et de l'Inspecteur aux revues. En conséquence, le second article du registre des délibérations devra être la consignation du procès-verbal de remise et réception du tout, et le rapport du résultat de la situation de la comptabilité des Conseils d'administration desdits corps licenciés, ainsi qu'il est expliqué audit article. Dès ce moment commencera la comptabilité du régiment.

L'Inspecteur général fera connaître au Conseil qu'il doit s'occuper sur-le-champ du choix de l'Officier de l'habillement, des Officiers chargés des différens détails et des maîtres-ouvriers. Il pourra même lui indiquer pour Officier d'habillement un de ceux des Conseils d'administration des régimens dissous, s'il en connaît qui soient susceptibles de continuer à remplir cette fonction.

Enfin, il transmettra sur-le-champ au Ministre de la guerre deux expéditions, signées de lui et de l'Inspecteur aux revues, de chacun des procès-verbaux mentionnés ci-dessus.

Chevaux et Effets.

Chevaux à réformer.

43. L'Inspecteur général procédera, ou fera procéder par son Adjoint, à la réforme des

chevaux qu'il jugera incapables de continuer le service, et leur fera faire sur-le-champ à l'oreille une incision longitudinale.

Les principaux motifs de réforme sont le farcin invétéré, la vieillesse, la faiblesse, la pousse outrée, le rou-vieux invétéré, la cécité, la claudication habituelle, et le défaut de taille quand il y a trop de disproportion.

Les chevaux morveux doivent être abattus et non réformés; leurs effets de harnachement doivent être brûlés.

L'Inspecteur général ordonnera que la vente des chevaux réformés soit faite sur-le-champ dans les formes prescrites par les réglemens, et que le produit en soit versé dans la caisse du Receveur général ou particulier des contributions, pour être reporté à la caisse de service et y demeurer à la disposition du Ministre. Il prescrira l'envoi au Ministre d'une expédition du procès-verbal qui constatera la vente, au bas de laquelle le Receveur des contributions aura dû mettre son récépissé.

L'état des chevaux réformés sera conforme au modèle n.° 48.

Ces chevaux seront déduits de l'effectif. Il en sera remis un état à l'Inspecteur aux revues chargé de l'inspection administrative du corps, pour qu'il puisse les rayer des contrôles à compter du jour de la vente. Jusqu'à cette époque, ils seront nourris et pansés au corps.

Les chevaux non susceptibles de réforme, mais d'une taille supérieure ou inférieure à celle exigée pour le service du régiment, continueront à figurer dans l'effectif. Il en sera dressé un état conforme au modèle n.° 49, d'après lequel le Ministre en disposera, si l'Inspecteur général n'a pas occasion de les mettre à la disposition des autres Inspecteurs généraux, suivant ce qui est dit ci-après, article 45.

Chevaux et effets à recouvrer.

44. L'Inspecteur général se concertera avec le Général commandant la division, le Préfet et le Général commandant le département, le Directeur d'artillerie, l'Inspecteur aux revues et le Commissaire ordonnateur, pour faire remettre à la disposition du Commandant les chevaux, et faire verser dans les magasins du corps les effets d'habillement, de grand équipement, de harnachement et d'armement convenables au régiment, laissés par les militaires rentrés dans leurs foyers, à quelque titre que ce soit. Ces remises et versemens seront constatés par des procès-verbaux, dont il sera adressé deux expéditions au Ministre.

Reviremens de chevaux et d'effets.

45. L'intention de SA MAJESTÉ étant que tout ce qui existe en chevaux et en matériel soit employé, et qu'il y ait le moins de pertes possible, MM. les Inspecteurs généraux se concerteront tant entre eux qu'avec MM. les Généraux et Ordonnateurs des divisions militaires, qui recevront des ordres à cet effet, pour se procurer mutuellement et faire verser sans retard d'un régiment dans un autre, les chevaux et effets de toute espèce superflus au premier et nécessaires au second. Les uns et les autres rendront rigoureusement au Ministre de la guerre un compte détaillé de l'emploi desdits chevaux et

effets, dont les reviremens seront d'ailleurs constatés par des procès-verbaux, dont il sera pareillement transmis deux expéditions au Ministre.

Chevaux et effets à distribuer.

46. Les chevaux, armes et effets existant au nouveau régiment et propres à son usage, seront distribués aux Sous-officiers et cavaliers aussitôt après sa formation et l'installation du Conseil d'administration. Le contrôle des chevaux sera immédiatement dressé dans la forme usitée.

Chevaux pour la Gendarmerie.

47. Si, après les réformes, le nombre des chevaux est au-dessus du complet, ou même trop considérable en raison des hommes présens, les Sous-officiers et Brigadiers qui seraient envoyés dans la Gendarmerie d'après ce qui a été dit à l'article 26, pourront être admis à emmener, pour le prix de l'estimation à dire d'experts, chacun un cheval, qu'ils choisiront parmi ceux qui ne seraient pas montés. Les états n.° 33 *bis* indiqueront le prix de l'estimation, et le Ministre Secrétaire-d'État de la guerre en réclamera le montant des compagnies de Gendarmerie, lesquelles en opéreront la retenue comme d'usage.

Revue définitive du Régiment.

Nom et rang notifiés au régiment.

48. Toutes les mesures applicables au moment, et toutes celles que des circonstances imprévues rendraient nécessaires pour parvenir

à l'organisation du régiment, ayant été accomplies, l'Inspecteur général en passera une revue définitive, lors de laquelle il rectifiera ce qu'il pourrait y avoir eu de défectueux dans ses premières opérations; après quoi il le fera former en colonne serrée par escadron, et lui notifiera publiquement, à haute et intelligible voix, le nom et le rang qui lui seront échus lors du tirage au sort qui aura lieu à cet effet au Ministère de la guerre pour tous les régimens de même arme, conformément à l'article 26 de l'ordonnance, d'après l'avis spécial qui lui en aura été donné par le Ministre.

Réception des Officiers.

49. L'Inspecteur général fera ensuite reconnaître, en la manière accoutumée, le Colonel et les autres Officiers supérieurs qui se trouveront présens.

Le Colonel fera reconnaître les autres Officiers.

Le Lieutenant-colonel fera reconnaître les Sous-officiers et Brigadiers.

Conduite à tracer au régiment.

50. Après les réceptions, l'Inspecteur général rappellera à chacun les obligations que son grade lui impose, et fera surtout sentir aux Colonels, aux Officiers supérieurs, aux Adjudans-majors et aux Capitaines, qu'ils doivent porter une attention soutenue sur les militaires confiés à leurs soins; que la discipline doit être douce et paternelle; mais en même temps, que les Officiers, Sous-officiers et soldats doi-

vent bien se pénétrer de l'idée qu'ils ne sont armés que pour la défense du Roi et le maintien de la tranquillité publique, et que toute opinion contraire est subversive de l'ordre et de l'obéissance que l'armée doit à Sa Majesté.

Serment.

51. L'Inspecteur général fera ensuite reprendre l'ordre de bataille et ouvrir les rangs pour prêter le serment.

Les trompettes ouvriront un ban.

L'Inspecteur aux revues attaché à l'Inspecteur général recevra, en sa présence, le serment individuel des Officiers supérieurs, ensuite celui des Officiers et hommes de l'état-major, puis celui des trompettes, enfin celui de chaque escadron séparément, afin que la formule puisse être entendue distinctement.

L'Inspecteur aux revues, placé devant le centre de la partie du régiment dont il devra le recevoir, dira à haute et intelligible voix:

« Officiers supérieurs,

(*ou bien*),

« Officiers, Sous-officiers et cavaliers de « l'état-major (*ou* de *tel* escadron) de *tel* « régiment,

« *Vous jurez et promettez de bien et fidèlement servir le Roi, d'obéir en toute occasion* « *aux chefs qui vous sont et seront donnés par* « *Sa Majesté, et de ne jamais abandonner* « *vos étendards.* »

Pendant ce temps, les Officiers et la troupe auront le sabre à l'épaule.

Après avoir reçu le serment des Officiers à leur place de bataille devant le front de l'escadron, l'Inspecteur aux revues recevra, l'un après l'autre, celui des hommes de chaque rang, ainsi que des serre-files.

Les Officiers, Sous-officiers et cavaliers répéteront, l'un après l'autre, chacun suivant son rang, en levant la main droite, et passant à cet effet, pour le moment, le sabre dans la main de la bride, à mesure que l'Inspecteur aux revues passera devant eux, et le reprenant de la main droite pour le replacer à l'épaule aussitôt qu'il aura passé, ces mots : « *Je le jure.* »

Après le serment, l'Inspecteur général fera fermer le ban, ensuite serrer les rangs, puis rompre et défiler devant lui, et la troupe rentrera dans ses quartiers.

Il sera dressé un procès-verbal de cette cérémonie. Ce procès-verbal sera signé en double expédition par l'Inspecteur général, par l'Inspecteur ou Sous-inspecteur aux revues, par tous les Officiers du régiment, par le plus ancien Sous-officier de chaque grade et le plus ancien Brigadier de tout le régiment, et par le plus ancien des cavaliers de chaque excadron sachant signer.

A l'avenir, toutes les fois que l'Inspecteur ou le Sous-inspecteur aux revues passera sa revue, à moins qu'il n'y en ait une de l'Inspecteur général, il se fera présenter tous les Officiers, Sous-officiers et cavaliers admis au corps depuis la revue précédente, et leur fera prêter individuellement le serment ci-dessus. Il en dressera procès-verbal, qui sera également signé par les Officiers qui auront prêté ce serment, et par le

Commandant du corps, et il en transmettra une expédition particulière au Ministre.

Clôture du travail d'Organisation.

52. L'Inspecteur ou le Sous-inspecteur aux revues, qui aura accompagné l'Inspecteur général dans ses opérations, dressera le procès-verbal d'organisation du régiment.

Ce procès-verbal indiquera nominativement les Officiers provisoirement installés, et constatera sommairement,

1.° L'effectif du régiment en Officiers, Sous-officiers et cavaliers; en chevaux d'Officiers et en chevaux de troupe, distinguant l'État-major des escadrons;

2.° La situation de la comptabilité des corps licenciés qui ont concouru à la composition du nouveau régiment;

3.° L'installation des membres du Conseil d'administration du régiment, et l'ouverture des divers registres de la nouvelle comptabilité;

4.° La réception et la situation des effets de toute espèce qui étaient dans les magasins desdits corps licenciés;

5.° La situation générale des effets d'habillement, d'équipement, de harnachement, d'armement, et de linge et chaussure, en service au moment de la revue définitive;

6.° Enfin, la mention du serment prêté par la troupe à ladite revue.

Ce procès-verbal, signé par l'Inspecteur aux revues, et approuvé par l'Inspecteur général, sera transcrit sur le registre des délibérations du Conseil d'administration, et dressé en quatre expéditions : une pour l'Inspecteur aux revues, une pour l'Inspecteur général, et deux pour le Ministre.

53. L'Inspecteur général visitera, ou fera visiter par son Adjoint, les quartiers, pour s'assurer s'ils sont bien situés, en bon état, garnis de tous les effets et ustensiles qu'ils doivent avoir, et suffisans pour loger la troupe et les chevaux. Dans le cas contraire, il en rendra compte au Ministre, et lui proposera les moyens qu'il croira convenable d'employer pour y remédier.

54. Il laissera, après sa revue, des ordres au Commandant du régiment sur l'instruction, la police et la discipline, sur la tenue, sur les fonctions des militaires de chaque grade et les rapports des différens grades entre eux, et au Conseil d'administration, sur les divers objets dont il doit spécialement s'occuper pour établir de la clarté et de l'exactitude dans sa gestion.

Il rappellera à chacun, qu'une fois les principes bien posés dans chaque parti, l'exécution devient facile, et qu'ils doivent tous tenir à honneur d'avoir été choisis pour faire partie de l'armée, et d'être, par cette circonstance, mis à portée de prouver leur fidélité et leur dévouement au Roi.

55. Lorsque le travail d'organisation sera entièrement terminé, l'Inspecteur général l'arrêtera définitivement, et l'adressera au Ministre, accompagné d'une copie des ordres qu'il aura laissés au corps.

56. Dans le cas où il arriverait de nouveaux détachemens, ou des Officiers, Sous-officiers et cavaliers isolés, après l'organisation du régiment, l'Inspecteur général avant son départ,

et, après cette époque, l'Officier général commandant la division ou le département, leur appliquerait les dispositions de la présente instruction, chacun en ce qui le concerne, suivant ce qui a déjà été dit à l'égard de l'Inspecteur général seulement, articles 15 et 24.

Paris, le 5 Septembre 1815.

Le Ministre Secrétaire-d'État au département de la guerre,

Signé Maréchal GOUVION SAINT-CYR.

Pour ampliation:

Le Maréchal-de-camp, Secrétaire général,

D'ALBIGNAC.

INDICATION

Des Lois, Ordonnances et Réglemens qui ont rapport à l'Organisation de la Cavalerie.

Ordonnance du 30 Août 1815, concernant le licenciement et la nouvelle organisation de la cavalerie.

Idem, du 3 du même mois, concernant les légions départementales.

Instruction du 10 du même mois, sur les opérations du Conseil d'examen établi dans chaque département, en exécution de ladite Ordonnance du 3 Août.

Ordonnance du 20 Janvier 1815, sur la composition des Conseils d'administration.

Idem, du 18 Juillet même année, portant suspension de tout avancement jusqu'au 1.er Juillet 1816.

Idem, du 1.er Août même année, qui annulle les nominations et promotions à des grades militaires, et la réintégration des Officiers en retraite sur le tableau d'activité, qui ont eu lieu pendant le temps de l'usurpation.

Idem, du même jour, qui détermine les droits que les Officiers des différens grades peuvent avoir dans les diverses positions où ils se trouvent.

Idem, du même jour, sur les retraites.

Instruction sur le même objet, approuvée par le Roi le 4 Septembre 1815.

Ordonnance du 18 Mai 1814, sur la formation des Compagnies de Vétérans.

Idem, du 27 Août 1814, sur la fixation de la solde de retraite.

Idem, du 10 Sept. 1815, concernant la Gendarmerie.

INDICATION

Des Pièces et États que l'Inspecteur général devra adresser au Ministre.

N.° 1. Des Officiers placés de droit à la solde de retraite.

Deux expéditions, dont une simple, et l'autre avec les mémoires de proposition à l'appui.

N.° 2. Des Officiers jugés susceptibles de la retraite, et qui y ont été placés sur leur demande ou autrement.

Deux expéditions, dont une simple, et l'autre avec les mémoires de proposition à l'appui.

N.° 3. Des Officiers proposés pour la retraite pour cause de blessures ou d'infirmités.

Deux expéditions, dont une simple, et l'autre avec les mémoires de proposition à l'appui.

N.° 4. Des Officiers qui, ayant moins de dix ans de service, un âge ou des blessures et infirmités qui ne leur permettent plus de continuer à servir, sans néanmoins leur donner droit à une solde de retraite, sont susceptibles d'obtenir une gratification d'une année de leurs appointemens.

Quatre expéditions sans pièces à l'appui.

N.° 5. Des Officiers qui demandent les invalides.

Deux expéditions, dont une simple, et l'autre avec les mémoires de proposition à l'appui.

N.° 6. Des Officiers qui demandent la vétérance.

Deux expéditions, dont une simple, et l'autre avec les mémoires de proposition à l'appui.

N.° 7. Des Officiers qui avaient été proposés pour la solde de retraite, le traitement de réforme ou la vétérance, avant le 1.er Mars 1815, et qui ne connaissent pas encore la décision prise sur cette proposition.

Deux expéditions, sans pièces à l'appui.

N.° 8. Des Officiers qui étaient démissionnaires avant le 20 Mars 1815, et qui sont replacés dans cette position.

Deux expéditions, sans pièces à l'appui.

N.° 9. Des Officiers qui étaient en retraite ou en réforme au 1.er Mars 1815.

Deux expéditions, sans pièces à l'appui.

N.° 10. Des Officiers dont l'Inspecteur général a accepté la démission.

Deux expeditions, sans pièces à l'appui.

N.° 11. Des Officiers admis au traitement de réforme.

Trois expéditions, dont une avec les mémoires de proposition à l'appui.

N.° 12. Des Officiers placés provisoirement en activité dans le nouveau régiment.

Deux expéditions, dont une avec le rapport spécial fait sur chaque Officier.

N.° 13. Des Officiers renvoyés dans leur domicile, et jugés susceptibles d'être admis dans les emplois vacans de leur grade, ou qui viendront à vaquer dans la suite.

Deux expéditions, dont une avec le rapport spécial fait sur chaque Officier.

N.° 14. Des Officiers renvoyés dans leur domicile, et ne paraissant plus susceptibles d'être employés.

Deux expéditions, dont une avec le rapport spécial fait sur chaque Officier.

N.° 15. Des Officiers étrangers qui demandent à quitter la France, et qui sont en conséquence portés pour une gratification de six mois de solde d'activité de la dernière classe de leur grade, sans accessoires.

Trois expéditions, sans pièces à l'appui.

N.° 16. Des Officiers étrangers qui, étant considérés comme propres au service, et ayant manifesté l'intention de rester en France, doivent y jouir du traitement de non-activité.

Deux expéditions, dont une avec le rapport spécial fait sur chaque Officier.

N.° 17. Des Officiers jugés susceptibles d'entrer dans la gendarmerie.

Deux expéditions, sans pièces à l'appui.

N.° 18. Des Officiers composant les Conseils d'administration des régimens dissous : cet état indiquera dans quelle catégorie ils ont été placés sur les autres.

Deux expéditions, sans pièces à l'appui.

N.° 19. Des Officiers absens à l'époque du licenciement.

Deux expéditions, sans pièces à l'appui.

N.° 23. Des Sous-officiers et Cavaliers proposés pour l'Hôtel royal des invalides.

Deux expéditions, dont une avec les mémoires de proposition à l'appui.

N.° 24. De ceux proposés pour les compagnies de vétérans.

Deux expéditions, dont une avec les mémoires de proposition à l'appui.

N.° 25. De ceux proposés pour la solde de retraite.

Deux expéditions, dont une avec les mémoires de proposition à l'appui.

N.° 26. De ceux proposés pour une indemnité une fois payée.

Deux expéditions, dont une avec les mémoires de proposition à l'appui.

N.° 27. Des hommes réformés purement et simplement.

Une expédition, sans pièces à l'appui.

N.° 28. Des hommes réformés pour défaut de taille.

Une expédition, sans pièces à l'appui.

N.° 29. De ceux auxquels il a été délivré des congés absolus, comme ayant huit ans de service et au-delà.

Une expédition, sans pièces à l'appui.

N.° 30. De ceux auxquels il a été délivré des congés absolus, comme ayant eu vingt-cinq ans révolus au 1.er Janvier 1815, et étant considérés comme ayant huit ans de service.

Une expédition, sans pièces à l'appui.

N.° 31. De ceux auxquels il a été délivré des congés absolus, comme étant les soutiens de leur famille.

Deux expéditions, dont une avec les certificats à l'appui.

N.° 32. Des conscrits de 1815 renvoyés dans leurs foyers.

Deux expéditions, sans pièces à l'appui.

N.° 33. Des Sous-officiers et Brigadiers jugés susceptibles d'être admis dans la Gendarmerie.

Une expédition, sans pièces à l'appui.

N.° 33 *bis.* Des Sous-officiers et Brigadiers envoyés dans la gendarmerie par l'Inspecteur général.

Quatre expéditions, sans pièces à l'appui.

N.° 34. Des enfans de troupe sans parens et sans protecteur, placés provisoirement en subsistance dans le nouveau corps.

Deux expéditions, sans pièces à l'appui.

N.° 35. Des enfans de troupe admis définitivement.

Deux expéditions, sans pièces à l'appui.

N.° 36. Des Sous-officiers et Cavaliers absens, avec ou sans autorisation, à l'époque de la revue de l'Inspecteur général, ou dont on ignore le sort depuis le 18 Juin.

Deux expéditions, sans pièces à l'appui.

N.° 38. État numérique indiquant le manque au complet du nouveau régiment, en Sous-officiers et Cavaliers, et en chevaux de troupe.

Deux expéditions, sans pièces à l'appui.

N.° 39. Des Sous-officiers et Brigadiers excédant le complet, placés dans un autre régiment organisé par le même Inspecteur général.

Une expédition, sans pièces à l'appui.

N.° 40. Des mêmes, envoyés à la disposition d'un autre Inspecteur général.

Une expédition, sans pièces à l'appui.

N.° 41. Des mêmes, placés à la suite du régiment.

Une expédition, sans pièces à l'appui.

N.° 42. Des mêmes, auxquels il a été délivré des congés absolus sur leur demande.

Une expédition, sans pièces à l'appui.

N.° 43. Des Cavaliers et Trompettes excédant le complet, placés dans un autre régiment organisé par le même Inspecteur général.

Une expédition, sans pièces à l'appui.

N.° 44. Des mêmes, envoyés à la disposition d'un autre Inspecteur général.

Une expédition, sans pièces à l'appui.

N.° 45. Des mêmes, renvoyés dans leurs foyers avec des congés de trois mois, sans solde.

Deux expéditions, sans pièces à l'appui.

N.° 46. Des mêmes, restés provisoirement en subsistance au nouveau régiment.

Une expédition, sans pièces à l'appui.

N.° 47. Des Officiers et Sous-officiers désignés pour l'école de cavalerie de Saumur.

Une expédition, sans pièces à l'appui.

N.° 48. Des chevaux réformés à la revue de l'Inspecteur général.

Une expédition, sans pièces à l'appui.

N.° 49. Des chevaux d'une taille *supérieure ou inférieure* à celle exigée pour le service du régiment.

Une expédition, sans pièces à l'appui.

N.° 50. Situation de l'habillement, coiffure et grand équipement des Sous-officiers et Cavaliers du nouveau régiment.

Deux expéditions, sans pièces à l'appui.

N.° 51. Situation de l'armement.

Deux expéditions, sans pièces à l'appui.

N.° 52. Situation du harnachement.

Deux expéditions, sans pièces à l'appui.

Procès-verbal de licenciement des anciens corps.

Deux expéditions, sans pièces à l'appui.

Procès-verbal d'installation du Conseil d'administration du nouveau régiment.

Deux expéditions, sans pièces à l'appui.

Procès-verbal de la remise de la caisse, des chevaux et du matériel des corps licenciés.

Deux expéditions, sans pièces à l'appui.

Procès-verbaux constatant la rentrée de chevaux et d'effets provenant de militaires rentrés dans leurs foyers.

Deux expéditions, sans pièces à l'appui.

Procès-verbaux constatant les reviremens de chevaux et d'effets d'un corps à un autre.

Deux expéditions, sans pièces à l'appui.

Procès-verbal de prestation de serment des Officiers, Sous-officiers et Cavaliers du nouveau régiment.

Une expédition, sans pièces à l'appui.

Procès-verbal d'organisation du régiment.

Deux expéditions, sans pièces à l'appui.

Situation des établissemens militaires.

Une expédition, sans pièces à l'appui.

Ordres laissés par l'Inspecteur général, après l'organisation.

Une expédition, sans pièces à l'appui.

Nota. S'il y avait des états qui ne fussent pas dans le cas d'être remplis, ils n'en seraient pas moins envoyés au nombre d'exemplaires demandé, portant l'indication qu'ils sont négatifs.

A STRASBOURG, chez Levrault, rue des Juifs, n.° 33.

www.ingramcontent.com/pod-product-compliance
Ingram Content Group UK Ltd.
Pitfield, Milton Keynes, MK11 3LW, UK
UKHW020422180726
13839UKWH00003B/1373